슬기로운 마음 생활

어른이에서 진짜 '어른'이 되는

슬기로운 마음 생활

초 판 1쇄 2025년 11월 10일

지은이 배우는 시인(박지수)
펴낸이 류종렬

펴낸곳 미다스북스
본부장 임종익
편집장 이다경, 김가영
디자인 윤가희, 임인영
책임진행 이예나, 김요섭, 안채원, 김은진, 국소리

등록 2001년 3월 21일 제2001-000040호
주소 서울시 마포구 양화로 133 서교타워 711호
전화 02) 322-7802~3
팩스 02) 6007-1845
블로그 http://blog.naver.com/midasbooks
전자주소 midasbooks@hanmail.net
페이스북 https://www.facebook.com/midasbooks425
인스타그램 https://www.instagram.com/midasbooks

ⓒ 배우는 시인(박지수), 미다스북스 2025, *Printed in Korea*.

ISBN 979-11-7355-576-3   03190

값 18,000원

미다스북스는 다음세대에게 필요한 지혜와 교양을 생각합니다.

슬기로운 마음 생활

배우는 시인 지음

어른이에서 진짜 '어른'이 되는

미다스북스

인생은 늘 순탄하지 않습니다.
어려운 순간이 찾아오고 넘어지기도 하지만,
그 속에서 마음을 조금씩 단단히
잡아가는 법을 배우기도 하지요.

이 책이 독자님의 동반자가 되어,
조금이나마 힘이 되기를 진심으로 바랍니다.

"당신의 마음 수업이 이제 시작됩니다."

이 시집을 손에 든 독자님께 조심스레 인사드립니다. 저는 아직 배우는 시인일 뿐, 이 글이 충분히 완벽하지는 않습니다. 그럼에도 이 시들이 때로는 작은 위로가 되고, 때로는 삶을 조금 다르게 바라보는 작은 길잡이가 되기를 소망합니다.

인생은 늘 순탄하지 않습니다. 어려운 순간이 찾아오고 넘어지기도 하지만, 그 속에서 마음을 조금씩 단단히 잡아가는 법을 배우기도 하지요. 이 시집의 여덟 장은 그런 순간들을 함께 걸으며, 독자님이 하루하루를 조금 더 따뜻하게 느낄 수 있도록 겸손하게 길을 내고자 했습니다.

이 책이 8주 혹은 40일 동안 독자님의 작은 동반자가 되어, 조금이나마 힘이 되기를 진심으로 바랍니다.

2025년 가을
배우는 시인 박지수

차 례

시의 감정을 더 깊게,
AI 뮤직 프로젝트

독자님께 작은 선물을 준비했습니다.
이 시집『슬기로운 마음 생활』에는 독자님의 일상 속 마음의 성장을 돕는 여덟 가지 여정을 담았습니다.

그리고 그 여정을 조금 더 특별하게 만들어줄 총 8편의 AI 음악을 각 장에 수록했습니다.

이 음악들은 SUNO 인공지능 기술을 활용하여 각 장의 시가 담고 있는 감정과 분위기를 섬세하게 분석하고 표현했습니다. 시를 읽기 전후는 물론, 이동 중에도 시의 여운을 음악으로 느끼실 수 있습니다.

각 장 도입부에 있는 QR 코드를 스마트폰 카메라로 스캔하시면 유튜브로 바로 연결되어 음악을 감상하실 수 있습니다.

시집을 펼치고 마음의 소리를 들으며, 이 음악들이 독자님의 하루를 조금 더 풍요롭게 만들어주기를 소망합니다.

시와 음악이 어우러진 여덟 개의 마음, 이제 독자님의 '슬기로운 마음 생활'이 더욱 깊어집니다.

시의 감정을 더 깊게, AI 뮤직 프로젝트

비워두기

"마음의 여백이 있어야
좋은 것을 채울 수 있습니다."

QR을 스캔하면 음악을 감상하실 수 있습니다.

계산기

"1+1=2"
란 문제가 끝나면

'Reset'을 사용해야
"1+1+1=3"처럼 문제가
커지지 않는다

더 알아보기

이 시는 계산기의 Reset 버튼을 삶에 비유한 시입니다. 단순한 문제(1+1)는 쉽게 해결되지만, 이를 정리하지 않으면 다음 문제(1+1+1)가 커지듯, 감정, 갈등, 집착, 미련도 제때 해결하지 않으면 점점 쌓이고 커집니다. 즉, 계산기의 Reset처럼 제때 '정리하고 놓아주는 습관'이 중요함을 말합니다.

요약하기

문제가 끝났다면, 정리하고 놓아주자

생각해보기

최근 마음속에서 쌓여가는 감정이나 미련 중, 지금 바로 놓아야 할 것은 무엇인가요?

실천해보기

오늘 하루 마음속 미련 한 가지를 적어 보고, 내려놓아 보세요.

설거지

설거지를 깨끗이 하지 않으면
그릇에 무언가를 담을 수가 없다

이유는 아무리 좋은 것을 담아도
더러운 것이 되기 때문이다

마치 나라는 그릇도
더러우면 천히 쓰는 그릇이 되고
깨끗하게 하면 귀히 쓰는
그릇이 되는 것처럼

더 알아보기

이 시는 설거지하는 모습을 통해 마음을 다스리는 중요성을 보여주는 시입니다. 그릇을 깨끗이 씻어야 음식을 담을 수 있듯이, 마음도 정리하고 다스려야 소중한 일이나 사람에게 제대로 쓰일 수 있다는 메시지를 전합니다.

요약하기

마음을 다스려야 귀하게 쓸 수 있다

생각해보기

오늘 마음을 다스리지 않고 지나친 일은 무엇인가요?

실천해보기

오늘 하루, 짧게라도 호흡이나 마음 정리 시간을 가져보세요.

책 한 권

책 한 권만 읽은 사람이
가장 무서운 이유는

책 한 권 안에
모든 것을 가둬버리고
그 사실을 모른다는 것이다

더 알아보기

이 시는 책을 통해 다른 시선과 지혜를 배우는 중요성을 이야기한 시입니다. 혼자만의 확신에 갇히면 실수할 수 있고, 다른 사람이나 세상의 이야기를 들어야 균형 잡힌 판단을 할 수 있다는 메시지를 전합니다.

요약하기

혼자 아는 확신에 갇히기보다 다른 시선도 받아들이자

생각해보기

최근 내가 혼자만의 생각으로 결정한 일은 무엇인가요?

실천해보기

오늘, 작은 것이라도 누군가의 의견을 들어보고 기록해보세요.

단물과 쓴 물

단물만 좋아하면
이빨이 썩고

쓴 물을 좋아하면
오히려 건강해지더라

더 알아보기

이 시는 단물과 쓴 물의 대비를 통해 고난과 성장의 관계를 보여주는 시입니다. 삶의 어려움과 시련이 우리를 단단하게 만들고, 좋은 일의 소중함을 알게 해준다는 메시지를 전합니다.

요약하기

고난도 삶의 귀한 양념이다

생각해보기

최근 내가 겪은 어려움에서 배운 점은 무엇인가요?

실천해보기

오늘 하루, 힘든 경험 중 감사할 점 한 가지를 적어보세요.

실

실은 한 번 얽히면
쉽게 풀 수 있다

하지만
두 번 얽히면
풀기가 어려워진다
어디서부터 풀어야 할지
매듭을 찾기가 어렵고
더 많이 집중해야 하기 때문이다

더 알아보기

이 시는 실과 바늘을 통해 문제 해결의 타이밍을 보여주는 시입니다. 작은 문제라도 빨리 해결해야 더 큰 문제로 번지지 않고, 마음도 편안해진다는 메시지를 전합니다.

요약하기

문제는 조기에 풀어야 한다

생각해보기

최근 내가 미루고 있는 문제는 무엇인가요?

실천해보기

오늘, 미뤄둔 작은 문제 하나를 바로 해결해보세요.

쉬어가기

생각 확장하기

놓지 못한 감정을 비운다면 내 삶은 어떻게 달라질까요?

마음의 공간을 정리했을 때 들어올 수 있는 새로움은 무엇일까요?

한 걸음 더

오늘 하루 나에게 필요 없는 감정이나 생각 3가지를 적어보세요.

나를 무겁게 하는 습관 한 가지를 떠올리고, 대안을 적어보세요.

활동해보기

마음 리셋: 잠들기 전, 오늘의 걱정, 분노, 미련을 종이에 적고 찢어버리세요.

주변 정리: 책상이나 방 한구석을 정리하면서 '비움의 힘'을 체험해보세요.

감사하기

"감사는 삶의 시선을 바꿉니다."

QR을 스캔하면 음악을 감상하실 수 있습니다.

남의 떡

남의 떡만 커 보인다면
자신이 가진 떡을
가질 수 있는 사람인지
먼저 점검해야 한다

더 알아보기

이 시는 다른 사람과 자신을 비교하는 습관을 돌아보게 하는 시입니다. 남의 장점만 바라보지 말고, 내가 가진 것을 지킬 만한 그릇인지 스스로를 점검해야 진정한 성장과 감사가 시작된다는 메시지를 전합니다.

요약하기

비교보다 자기 점검이 먼저다

생각해보기

최근 남과 비교하며 마음이 불편했던 일은 무엇인가요?

실천해보기

오늘 하루, 내가 가진 것과 잘한 점 한 가지를 적어보세요.

백미러

행복을 찾던 나에게
우연히 마주친
백미러의 한 마디

"사물이 보이는 것보다 가까이 있음"

더 알아보기

이 시는 백미러를 통해 가까이 있는 행복을 바라보게 하는 시입니다. 멀리서 찾지 않아도, 이미 내 주변에 있는 관계와 일상 속에서 행복을 느낄 수 있다는 메시지를 전합니다.

요약하기

행복은 바로 내 주변에 있다

생각해보기

오늘 내가 이미 가진 것 중 감사할 일은 무엇인가요?

실천해보기

주변 사람이나 작은 일 하나에 감사 인사를 전해보세요.

팥이 난 이유

콩만 심었는데
팥이 났다면
나의 밭에 팥을 심고
가꿔준 이들 덕분이며
그 은혜를 잊지 말아야 한다

더 알아보기

이 시는 눈에 보이지 않는 노력과 은혜의 결실을 이야기하는 시입니다. 내가 아닌 누군가의 손길과 보이지 않는 시간이 모여 지금의 결과를 만든다는 메시지를 전합니다.

요약하기

보이지 않는 힘이 결과를 만든다

생각해보기

지금 내 노력이 곧 결실로 이어질 것이라고 믿는 일은 무엇인가요?

실천해보기

오늘 하루, 작은 노력 하나를 꾸준히 이어가 볼 것을 정해보세요.

감사의 위력

척박한 땅에서도
감사만 하니

풍년이로구나

더 알아보기

이 시는 감사의 힘을 전하는 시입니다. 감사는 단순한 말이 아니라, 마음을 열고 관계를 따뜻하게 하며 삶을 풍요롭게 바꾸는 놀라운 힘이 있다는 메시지를 전합니다.

요약하기

감사는 삶을 바꾼다

생각해보기

최근 나에게 도움을 준 사람에게 감사 인사를 전한 적이 있나요?

실천해보기

오늘, 누군가에게 감사 메시지 한 통을 전해보세요.

올챙이가 된 개구리

개구리가 올챙이 적
기억 못 하니
올챙이가 되다

더 알아보기

이 시는 성장 속의 초심과 겸손을 이야기하는 시입니다. 지금의 성과나 위치는 시작이 있었기에 가능하며, 그 출발점을 잊지 않을 때 우리는 더 따뜻하고 겸손한 사람이 될 수 있다는 메시지를 전합니다.

요약하기

성장의 초심을 잊지 말자

생각해보기

지금 내가 가진 것을 처음 시작했을 때의 마음은 무엇이었나요?

실천해보기

오늘 하루, 시작의 마음을 되새기며 작은 성취 하나를 기록해보세요.

쉬어가기

생각 확장하기

감사하는 태도가 내 주변 사람들의 마음에 어떤 영향을 줄까요?

결핍 속에서도 감사할 수 있다면, 어떤 힘이 생길까요?

· ·

한 걸음 더

오늘 감사한 일을 세 가지 적어보세요.

나를 도와준 사람을 떠올리고, 그에게 마음속으로 감사 인사를

해보세요.

· ·

활동해보기

감사 일기: 하루의 끝에 감사한 순간을 기록해보세요.

감사 전하기: 문자나 메시지로 고마운 마음을 직접 전해보세요.

화해하기

"화해는 마음의 평화를 가져옵니다."

QR을 스캔하면 음악을 감상하실 수 있습니다.

씨

상대방의 마음의 밭에
사랑하는 마음을 뿌리면
사랑을 거두고

상대방의 마음의 밭에
미워하는 말을 뿌리면
미움을 거두듯

놀랍게도 말은
씨가 된다

더 알아보기

이 시는 말의 영향력을 씨앗에 빗댄 시입니다. 말은 한 번 뱉으면 되돌릴 수 없고, 그 씨앗이 자라 결국 자신에게 돌아온다는 메시지를 전합니다. 오늘 하루, 따뜻한 말을 심는다면 내일의 마음밭은 더 풍성해질 것입니다.

요약하기

좋은 말을 심으면 좋은 열매를 맺는다

생각해보기

오늘 내가 뿌린 말 중, 따뜻한 말 한 가지를 떠올려보세요.

실천해보기

하루에 한 번, 누군가를 격려하는 말을 해보세요.

콩가루 집안

콩가루로
붙어 있는 찹쌀들을
떼어놓으며
인절미를
만드는 걸 보니
콩가루 집안이 뭔지 알겠어요

더 알아보기

이 시는 가족의 관계를 인절미에 빗대어 표현한 시입니다. 때로는 부딪히고 떨어져도, 결국 다시 붙어 함께하는 것이 가족이라는 메시지를 전합니다. 완벽하지 않아도, 함께 있음 그 자체가 사랑입니다.

요약하기

부딪힘 속에서도 가족은 사랑이다

생각해보기

가족에게 미뤄둔 말이나 표현이 있다면 무엇인가요?

실천해보기

오늘은 가족에게 따뜻한 문자 한 통을 보내보세요.

사랑

이상하다 동전 한 닢
움켜잡으면 없어지고
쓰고 빌려주면 없어지는 이유는
'사랑'이 없어서였다

더 알아보기

이 시는 사랑의 본질을 되짚게 하는 시입니다. 아무리 멋진 행동이라도 사랑이 없다면 의미가 없고, 진심이 담긴 마음이야말로 사람을 움직이는 힘이라는 메시지를 전합니다.

요약하기

사랑 없는 행동은 빈 껍데기다

생각해보기

지금 내가 하는 일 중, 진심이 담긴 일은 무엇인가요?

실천해보기

오늘 하루, 진심을 담아 한 가지 행동을 해보세요.

시간

흔히들 시간은
금이라고 한다

그 이유는
사람에게 시간이
소중하기 때문인데

나는 어찌 된 일인지
나의 시간을 바친 사람들을
깎아내리는 일이 익숙한가 보다

금처럼 소중한 것들을
잃는 줄도 모르고

더 알아보기

이 시는 관계 속의 시간을 이야기한 시입니다. 오랜 관계일수록 익숙함에 소홀해질 수 있지만, 그 시간을 함께한 사람을 소중히 여기는 마음이 결국 관계를 지키는 힘이 된다는 메시지를 전합니다.

요약하기

지금의 마음이 관계를 지킨다

생각해보기

내가 더 자주 연락해야 할 사람은 누구인가요?

실천해보기

오늘 하루, 오래된 지인 한 명에게 안부 연락을 해보세요.

좋은 사람

나에게 나쁜 사람은
다른 곳을 바라면서
길을 걸으며
가지 못한 곳을 생각하며
불평하는 사람이고

나에게 좋은 사람은
같은 곳을 바라면서
길을 걸으며
함께하는 것 자체를
감사하는 사람이다

그런 것 같다

더 알아보기

이 시는 '좋은 사람'의 의미를 다시 생각하게 하는 시입니다. 좋은 사람은 나와 같은 방향을 바라보며 걸어가는 사람입니다. 결과보다 목표를 함께 나누고, 그 길 위의 동행 자체를 감사히 여기는 마음이 진짜 관계의 힘이라는 메시지를 전합니다.

요약하기

좋은 사람은 같은 목표를 바라보며 함께 걸어가는 사람이다

생각해보기

지금 나와 같은 방향을 바라보는 사람은 누구인가요?

실천해보기

오늘 하루, 같은 길을 걷는 사람에게 "함께 가서 든든하다"라는 마음을 전해보세요.

쉬어가기

생각 확장하기

내가 뿌린 말의 씨앗이 어떤 열매를 맺을지 떠올려보세요.

미움을 풀고 화해했을 때 내 삶에 찾아올 자유는 무엇일까요?

한 걸음 더

최근 갈등이 있었던 사람을 떠올리고, 그때 나의 말과 행동을 돌아보세요.

오늘 대화에서 따뜻한 말을 한마디 심어보세요.

활동해보기

말 씨앗 연습: 오늘 하루는 부드러운 표현만 사용해보세요.

화해 편지: 미안한 마음을 담아 짧은 편지를 적어보세요.

해결하기

"문제를 해결하는 힘이
삶을 단단하게 합니다."

QR을 스캔하면 음악을 감상하실 수 있습니다.

용서

용서를 하지 않는 것은
쓰레기를 내 몸에
지니고 다니는 것과 같다

오랫동안 그 쓰레기를
버리지 못하면 나를 쓰레기통으로
취급하게 된다

더 알아보기

이 시는 '용서'의 의미를 새롭게 바라보게 하는 시입니다. 누군가를 용서한다는 것은 그 사람을 위한 것이 아니라, 나 자신이 더 이상 상처에 묶이지 않기 위한 자유의 선택이라는 메시지를 전합니다. 용서는 상대를 놓아주는 동시에, 나를 해방시키는 일입니다.

요약하기

용서는 나를 자유롭게 한다

생각해보기

지금 내 마음속에 품고 있는 미움은 무엇인가요?

실천해보기

오늘 하루, 누군가를 위해서가 아니라 나를 위해 '놓아주기'를 시도해보세요.

배 아픈 사람

사촌이 땅을 사서
배가 아픈 것을
말하는 순간부터
땅을 사기는 어려운 사람이 되더라

더 알아보기

이 시는 질투의 본질을 돌아보게 하는 시입니다. 남과 자신을 비교하는 동안, 정작 내 안의 가능성은 자라지 못합니다. 진짜 성장은 비교가 아니라 나를 돌볼 때 시작된다는 메시지를 전합니다.

요약하기

질투는 성장의 적이다

생각해보기

요즘 내가 자주 비교하는 대상은 누구인가요?

실천해보기

비교 대신, 오늘 내가 잘한 일 한 가지를 기록해보세요.

꼬리

오늘도 여기저기서
꼬리를 무는 소리가 들리네
꼬리를 물고 이유를 받아내고
꼬리를 밟고 이유를 받아내고

더 알아보기

이 시는 시선을 어디에 두느냐의 중요성을 알려주는 시입니다. 문제는 누구에게나 있지만, 해결의 방향으로 마음을 돌릴 때 비로소 삶은 앞으로 나아간다는 메시지를 전합니다.

요약하기

문제를 보기보다, 해결을 보라

생각해보기

지금 나를 힘들게 하는 일 중, '해결 가능한 한 가지'는 무엇인가요?

실천해보기

그 일을 한 단계라도 움직일 수 있는 작은 행동을 해보세요.

텃새와 철새

추우면 춥다
더우면 덥다
하고 싶은 것을 하는
새는 철새가 되지만

추우면 덥다
더우면 춥다
하고 싶은 것을 못 하는
새는 텃새가 된다

슬기로운 마음 생활

더 알아보기

이 시는 '자유로운 삶'의 균형을 보여주는 시입니다. 익숙함이 우리를 붙잡을 때도 있지만, 떠남 또한 새로운 삶을 위한 선택일 수 있다는 메시지를 전합니다.

요약하기

머물 곳과 떠날 곳을 구별할 줄 아는 지혜

생각해보기

지금 나를 붙잡고 있는 '익숙한 것'은 무엇인가요?

실천해보기

오늘 하루, 내 마음을 가볍게 하는 선택을 하나 해보세요.

종로

일생을 살다 보니
종로에서 뺨 맞고
한강에서 화풀이하지 않고
종로에서 화를 내는 것이
참 중요한 일이란 것과
참 어려운 일이란 것을
알게 됩니다

더 알아보기

이 시는 '감정의 방향'을 다루는 시입니다. 분노는 누구나 느끼지만, 그 화를 엉뚱한 곳으로 돌리면 관계만 더 망가질 뿐입니다. 감정을 올바르게 다루는 것은 어른다운 회복의 시작이라는 메시지를 전합니다.

요약하기

화는 진짜 원인에게 풀어야 한다

생각해보기

나는 요즘 어디에 화를 내고 있나요? 진짜 이유는 무엇인가요?

실천해보기

감정이 올라올 때, 깊게 한 번 숨을 들이마시고 생각을 적어보세요. 생각이 정리되면 마음이 조금은 가벼워집니다.

쉬어가기

생각 확장하기

갈등이 생겼을 때, 다툼 없이 해결할 방법을 떠올려보세요.

내가 가진 '정의'나 '불만'이 다른 사람에게 상처가 될 수 있음을 생각해보세요.

....

한 걸음 더

오늘 누군가에게 작은 친절을 베풀어보세요.

갈등이나 오해가 있었던 상황을 떠올리고, 상대방 입장에서 이해할 수 있는 점을 적어보세요.

....

활동해보기

용서 연습: 마음속의 미움이나 불편한 감정을 한 줄로 적고 놓아주기 연습을 해보세요.

관계 다듬기: 가까운 사람과 간단한 화해의 대화를 나누거나 고마움을 표현해보세요.

힘내기

"어려움 속에서도
희망과 용기를 잃지 마세요."

QR을 스캔하면 음악을 감상하실 수 있습니다.

먹구름

까막까막한 먹구름이
가득한 어느 날

비가 오면
쓸 수 있는 우산 하나
준비되지 않았는데

비 맞은 생쥐와 같이
힘들고 지칠 때

이것 하나만 기억해줘요
먹구름 뒤에는
태양이 기다리고 있다는 것을

더 알아보기

이 시는 어려움이 끝이 아니라는 것을 알려주는 시입니다. 먹구름은 불행이 아니라 '비를 준비하는 과정'입니다. 삶의 어둠이 지나야 빛이 오듯, 마음도 기다림 속에서 다시 밝아집니다.

요약하기

지금의 어둠은 새로운 빛의 예고편이다

생각해보기

내 삶의 '먹구름'은 무엇인가요? 그 안에서 어떤 배움을 얻을 수 있을까요?

실천해보기

오늘 하루, 감사할 수 있는 일 한 가지를 적어보세요.

안개꽃

6월의 어느 날
아이들의 안개꽃은
꽃봉오리가 올라오기 시작한다

주변에 수많은 잡초들이
못살게 굴어도
그 기세를 누르고

언제부터인가 함께하게 된
양귀비 한 송이를
친구 삼고

자신만의 꽃을
틔울 준비를 시작한다

더 알아보기

이 시는 환경이 완벽하지 않아도 자기다운 삶을 살아갈 수 있다는 용기를 주는 시입니다. 안개꽃처럼 작고 연약해 보여도, 그 자리에서 꾸준히 피어나는 존재가 결국 아름답습니다.

요약하기

작아도, 흔들려도 피어날 수 있다

생각해보기

요즘 나를 지치게 하는 '바람'은 무엇인가요?

실천해보기

오늘 하루, 내가 해낸 일 한 가지를 칭찬해보세요.

야인(野人)

당신은 이 시대의
야인(野人)인가요?

제가 찾은 야인(野人)은
더 좋은 세상을 위해
어둠이 된 선한 사람입니다

아무도 알아주지 않아
지친 당신의 오늘을 위로합니다

더 알아보기

이 시는 '보이지 않는 수고'의 가치를 이야기하는 시입니다. 누군가의 시선이 없어도 자기 자리에서 최선을 다하는 모습은 가장 깊은 의미의 헌신입니다.

요약하기

누가 몰라도, 내가 빛나는 순간이 있다

생각해보기

내가 지금 하고 있는 작은 헌신은 무엇인가요?

실천해보기

오늘은 자신의 수고를 인정하는 시간을 가져보세요.

오뚝이

상 장

오 뚝 이

귀하는 오랜 세월 동안
넘어진 많은 사람들에게
직접 본을 보이며
일어서야 한다는 지혜를 주었기에
이 상을 드립니다

2023년 4월 23일

인 생 학 교 위 원 장

이 시는 실패를 바라보는 시선을 바꿔주는 시입니다. 오뚝이는 넘어지지만 결국 다시 일어나듯, 우리의 삶도 실패를 배우는 과정으로 볼 수 있습니다.

요약하기

넘어짐은 다시 일어섬의 시작이다

생각해보기

내가 넘어졌던 일 중, 지금은 웃으며 이야기할 수 있는 일은 무엇인가요?

실천해보기

실패를 떠올리며 "그때의 나도 괜찮았다"라고 말해보세요.

개똥벌레

개똥벌레의 꿈은
밤하늘을 밝히는
별이 되는 것
비록 꿈을 이루지는 못했지만
뭐 어때
밤하늘을 밝힐 수 있고
그 빛을 반겨주는 이들이 있는데

더 알아보기

이 시는 '아직 완성되지 않은 꿈'의 가치를 전하는 시입니다. 크게 빛나지 않아도, 지금의 나 역시 누군가의 길을 비출 수 있습니다. 작은 빛은 작기 때문에 더 따뜻합니다.

요약하기

작은 불빛도 누군가의 길을 비춘다

생각해보기

지금 내가 빛을 내고 있는 순간은 언제인가요?

실천해보기

누군가에게 작은 응원 한마디를 건네보세요.

쉬어가기

생각 확장하기

넘어짐 속에서도 다시 일어설 때 얻는 가장 큰 힘은 무엇일까요?

고난이 오히려 나를 더 단단하게 만든 경험은 있나요?

· ·

한 걸음 더

오늘 내가 이겨낸 작은 어려움 하나를 기록해보세요.

나를 지탱해주는 응원 문구를 스스로 적어보세요.

· ·

활동해보기

내 응원가: 자신을 격려하는 한 문장을 크게 소리 내어 읽어보세요.

힘내기 리스트: 힘이 되는 노래, 사람, 장소를 목록으로 적어보세요.

다시 일어나는 지혜

"실패와 아픔도
성장의 밑거름이 됩니다."

QR을 스캔하면 음악을 감상하실 수 있습니다.

가지치기

잘려 나간다, 아프다
익숙한 탓에
아쉬움이 있다

그러나 병든 가지 대신
열매는 더 단단해지고
모양은 더 곱게 다듬어진다

더 알아보기

이 시는 아픔을 회피하지 말고 성장의 기회로 삼으라는 메시지를 주는 시입니다. 우리 마음의 가지치기, 즉 불필요한 집착과 감정을 정리하는 일은 더 단단한 나를 만들어 줍니다.

요약하기

아픔은 더 큰 성장을 위한 준비

생각해보기

내 마음속 가지치기가 필요한 것은 무엇일까요?

실천해보기

오늘, 불필요한 걱정 한 가지를 내려놓기

유턴

길을 가다가
잘못된 길이라고 생각이 들 때
유턴을 하면
아무것도 문제가 되지 않는다
다만 주의할 점은
실패했다는 생각으로
모든 것을 포기하는 것이다

더 알아보기

이 시는 방향을 바꾸는 것이 포기가 아니라 선택임을 알려주는 시입니다. 지나온 길이 잘못되었다 느껴져도 돌아서는 용기와 지혜가 필요합니다.

요약하기

유턴은 더 나은 길을 위한 선택

생각해보기

최근 내가 유턴을 해야 한다고 느낀 순간은 언제였나요?

실천해보기

오늘, 작은 결정 하나를 다시 점검하고 조정

혼자가 아닌 나

경찰청 (범죄 사건을 당했을 때): 112

소방서 (화재 사건을 당했을 때): 119

질병관리청 (질병 정보가 궁금할 때): 1339

한국관광공사 (관광 정보가 궁금할 때): 1330

국토교통부 (교통 정보가 궁금할 때): 1333

행정안전부 (도로명 주소가 궁금할 때): 1558-0061

대한법률구조공단 (법률 지식이 필요할 때): 132

언제든지 전화하세요 :)

더 알아보기

이 시는 혼자가 아님을 새롭게 느끼게 하는 시입니다. 나를 위해 보이지 않게 일하는 사람들이 있다는 점을 의식함으로써, 지치고 힘든 순간에도 마음이 놓이고, 작은 희망과 안정감을 얻을 수 있게 합니다.

요약하기

나를 지켜주는 사람들이 있어, 나는 혼자가 아니다

생각해보기

최근 일상 속에서 누군가의 보이지 않는 노력 덕분에 안심하거나 위로를 느낀 순간은 언제였나요?

실천해보기

오늘, 나를 위해 일하는 사람들의 존재를 떠올리며 감사와 응원의 마음을 적거나, 주변 힘든 사람에게 작은 위로를 전해보기

자전거

자전거를 처음 타면서
넘어지는 것이
죄가 아닌 것처럼
조금 부족하고
넘어지는 것은 죄가 아니다
그저 자전거를
타기 위한
배움의 과정일 뿐

더 알아보기

이 시는 실수와 실패를 새로운 관점으로 바라보게 하는 시입니다. 넘어질 때마다 우리는 경험과 배움을 쌓고 다음엔 더 능숙하게 나아갈 수 있습니다.

요약하기

넘어짐은 배움의 과정이다

생각해보기

최근 내 '넘어짐'에서 얻은 교훈은 무엇인가요?

실천해보기

오늘, 실패 경험 하나를 기록하며 배움 포인트 적기

큰 그릇

어둠이 유난히 길게 느껴진다면
이렇게 생각해보자
큰 그릇은 오랜 시간과
많은 노력을 들여
완성되는 거라고

더 알아보기

이 시는 고난과 아픔이 우리 삶을 넓게 만들어 준다는 메시지의 시입니다. 어둠이 길수록 인내하고 마음을 단단히 하면, 더 큰 그릇으로 세상을 담을 수 있습니다.

요약하기

긴 어둠은 큰 그릇을 만드는 시간

생각해보기

지금 내 마음의 어둠은 무엇이고,
그 안에서 무엇을 키울 수 있을까요?

실천해보기

오늘, 마음을 가다듬고 내일을 계획하는 시간 갖기

쉬어가기

생각 확장하기

넘어짐과 실패가 왜 지혜의 씨앗이 되는지 떠올려보세요.

혼자가 아님을 깨달을 때 내 삶은 어떻게 달라질까요?

．．．

한 걸음 더

최근 실패를 통해 배운 점을 적어보세요.

도움을 준 사람의 이름을 떠올리고, 감사한 점을 정리해보세요.

．．．

활동해보기

실패 노트: 과거의 실패를 기록하고 거기서 배운 지혜를 정리
해보세요.

유턴 연습: 오늘 하루 작은 일에서 방향을 바꿔보는 시도를 해
보세요.

소중히 여기기

"자신과 주변의 소중함을 발견하세요."

QR을 스캔하면 음악을 감상하실 수 있습니다.

개화기

1월은 동백
4월은 벚꽃
6월은 장미
8월은 무궁화
10월은 코스모스

일찍 피는 꽃,
늦게 피는 꽃.

모두가 아름답다

더 알아보기

이 시는 삶의 속도를 비교하지 않고 자신만의 리듬과 시기를 존중하라는 메시지를 주는 시입니다. 누구나 각자의 시간과 방식으로 성장하고 피어납니다.

요약하기

각 존재는 자신의 때에 피어난다

생각해보기

내 삶에서 지금 피어나야 할 것은 무엇일까요?

실천해보기

오늘, 자신의 속도대로 한 가지 목표를 천천히 실행하기

꼴뚜기

누가 꼴뚜기가
어물전 망신을
시킨다고 했던가

누가 와서
오징어가 더 크다고 해도
멸치가 더 인기 있다 해도

굳세어라,
굳세어라!

더 알아보기

이 시는 스스로를 작거나 부족하다고 느낄 때 가치를 잊지 말라는 메시지를 주는 시입니다. 작다고 겁내지 말고, 자신만의 존재감을 인정하세요.

요약하기

작아도 너만의 소중함이 있다

생각해보기

지금 내가 작게 느껴지는 순간,
그 속에서도 인정할 나의 가치는 무엇인가요?

실천해보기

오늘, 작지만 중요한 일 하나를 자신 있게 해보기

별

당신이 빛을 잃은
아름다운 별이었다는 게
너무도 슬퍼요

당신의 빛을
찾을 수 있다면
무엇이든 못 할까요

더 알아보기

이 시는 목표나 희망을 잃었을 때 다시 찾는 마음이 얼마나 중요한지 알려주는 시입니다. 간절함이야말로 삶을 밝히는 작은 등불입니다.

요약하기

간절함은 잃은 빛을 찾게 한다

생각해보기

지금 내가 찾고 있는 희망은 무엇인가요?

실천해보기

오늘, 작은 목표 하나를 다시 점검하고 방향 정하기

응급차

응급차가 오늘도
'삐뽀삐뽀'

교통질서를 무시하며
앞서나가도

모두가
양보하는 이유는
사람을 지키는 일이
그 어떤 일보다
중요하기 때문이겠지

더 알아보기

이 시는 생명의 소중함과 우선순위를 깨닫게 하는 시입니다. 응급차가 길을 가는 동안 모든 사람이 양보하는 모습을 보며, 우리 삶에서도 사람과 생명을 지키는 일이 그 어떤 일보다 중요하다는 메시지를 전합니다.

요약하기

생명을 지키는 일이 가장 우선이다

생각해보기

지금 내 주변에서 가장 보호하거나 챙겨야 할 사람은 누구인가요?

실천해보기

오늘, 가까운 사람에게 작은 배려나 관심을 표현해보세요.

과속방지턱

어떤 장소를 지나게 될 때
과속방지턱으로 속도를 줄이게 된다
우리의 인생에도
어려움이 닥쳐
앞으로 나아가지 못하는 때가 있다
이것은
소중한 사람들을 지키기 위해
속도를 줄이라는 신호가 아닐까

더 알아보기

이 시는 어려움과 고난을 속도를 조절하고 주변을 배려할 기회로 바라보게 하는 시입니다. 인생의 과속방지턱처럼, 때로는 멈추고 천천히 나아가며 마음을 점검하고 소중한 사람들을 생각할 필요가 있다는 메시지를 전합니다.

요약하기

고난은 때로 속도를 늦추고 주변을 돌아보게 하는 신호일 수 있다

생각해보기

최근 내 삶에서 속도를 늦추고 주변을 돌아봐야 했던 순간은 언제였나요?

실천해보기

오늘 하루, 내가 만나는 사람이나 상황에서 조금 천천히, 세심하게 행동해보세요.

쉬어가기

생각 확장하기

나 자신을 존중하는 습관이 내 삶에 어떤 변화를 줄지 상상해
보세요.

자연, 사물, 시간 등 일상 속 모든 것을 소중히 여기면 어떤 마
음이 생길지 떠올려보세요.

· ·

한 걸음 더

오늘 만난 사람 중 존중하고 싶은 사람을 한 명 적고, 그 이유
를 써보세요.

나와 다른 생각이나 습관을 가진 사람에게서 배울 수 있는 점
을 찾아보세요.

· ·

활동해보기

감정 일기: 오늘 느낀 감정을 솔직하게 적고, 그 감정을 어떻게
다뤘는지 돌아보세요.

작은 배려 실천: 주변 사람에게 간단한 칭찬이나 감사 인사를
전해보세요.

삶의 아름다움

"일상의 아름다움을
느끼며 살아가세요."

QR을 스캔하면 음악을 감상하실 수 있습니다.

마포대교

자살 대교라고도 불리는
한강 마포대교 위를 달리던
160번 버스는 덜컹거리며
가던 길을 멈춘다

해 질 무렵 노을과
넘실거리는 푸른 물결 위로
쌍무지개까지 뜬다

"오늘 마포대교 무지개가 참 예쁘죠?
사진 찍게 잠시 세울까요?"
그 말에 승객들은 약속이라도 한 듯
"좋아요"를 외친다

삶의 의미를 잃어버린 사람들은
작지만 소중한 것들을
지나쳐버린 실수로부터
모든 것이 시작된 것이 아닐까?

더 알아보기

이 시는 작지만 소중한 순간들을 지나치면 삶이 흔들릴 수 있다는 점을 돌아보게 하는 시입니다. 지나치기 쉬운 일상의 소중함을 놓치지 않고, 작은 것에서도 의미를 발견하는 마음이 중요하다는 메시지를 전합니다.

요약하기

작은 순간의 소중함을 놓치지 않는 것이 삶의 시작이 될 수 있다

생각해보기

최근 내가 지나치기만 하고 소중함을 느끼지 못한 순간은 무엇이 있을까요?

실천해보기

오늘 하루, 평소 지나쳤던 작은 소중한 순간을 기록하거나 감사의 마음을 표현해보세요.

감정

기쁨, 분노, 놀람, 당황,
우울, 즐거움, 밝음

당신의 그 모든
순간이 사랑스럽다

더 알아보기

이 시는 기쁨, 분노, 슬픔 등 모든 감정을 억누르지 않고 있는 그대로 받아들이는 마음을 다루는 시입니다. 화나는 감정도 나쁘지 않으며, 모든 순간의 감정은 소중하고 존중할 가치가 있다는 메시지를 전합니다.

요약하기

모든 감정은 존중할 가치가 있다

생각해보기

오늘 느낀 감정 중 가장 소중하게 느껴진 것은 무엇인가요?

실천해보기

오늘, 감정을 솔직히 기록하거나 표현하기

사계절

봄은 벚꽃놀이, 노란 개나리, 초록 새싹
여름은 해수욕장, 시원한 수박, 매미 소리
가을은 단풍잎, 시원한 가을바람, 바바리코트
겨울은 첫눈, 눈썰매, 스케이트, 크리스마스

모든 사계절이
나에게 주는 선물들

더 알아보기

이 시는 사계절의 변화를 나에게 주어진 선물로 바라보는 시입니다. 계절마다 다른 색과 향, 소리와 느낌을 경험하며, 작은 순간에도 삶의 선물이 깃들어 있다는 메시지를 전합니다.

요약하기

사계절의 변화 속에서 삶의 선물을 발견하자

생각해보기

최근 내 삶에서 '작지만 소중한 선물'로 느껴졌던 순간은 무엇인가요?

실천해보기

오늘, 계절과 주변 환경 속에서 작은 선물을 발견하고 기록해보세요.

낙서

우연히 들린 카페 벽에는
수많은 사람들이
쓴 낙서로 가득하다

어떤 방법으로도
기억하고 싶은
소중한 것들

나, 너, 우리

더 알아보기

이 시는 사람들이 낙서에 자신과 주변, 소중한 것을 남기고 싶어하는 모습을 바라보며 쓴 시입니다. 우리의 존재와 관계가 얼마나 소중하고 아름다운지, 작은 흔적에서도 의미를 발견할 수 있다는 메시지를 전합니다.

요약하기

우리 존재와 관계는 이미 소중하다

생각해보기

오늘 내 삶 속에서 '나, 너, 우리'가 소중하게 느껴졌던 순간은 언제인가요?

실천해보기

오늘, 소중한 사람에게 감사나 마음을 표현해보세요.

향수

사랑하는 당신께
비싼 향수는
선물하지는 못해도

생각만 해도
향기 나는 단어를
선물하고 싶어요

"달콤한 과일 향"
"싱그러운 백합 향"
"산뜻한 비누 향"
"시원한 아쿠아 향"

더 알아보기

이 시는 말에도 향기가 있어, 상대방에게 따뜻함과 즐거움을 전할 수 있다는 메시지를 담은 시입니다. 돈이나 물건이 아니라, 마음을 담은 말 한마디도 충분히 향기로운 선물이 될 수 있다는 메시지를 전합니다.

요약하기

말에도 마음을 전하는 향기가 있다

생각해보기

오늘 내가 한 말 중, 상대에게 향기처럼 느껴졌으면 하는 말은 무엇인가요?

실천해보기

오늘, 따뜻하고 배려 있는 말 한마디를 주변 사람에게 선물해보세요.

쉬어가기

생각 확장하기

일상 속 작은 순간의 아름다움이 내 삶을 어떻게 바꿀까요?

사계절처럼 변하는 감정의 흐름이 주는 선물은 무엇일까요?

· ·

한 걸음 더

오늘 하루 발견한 '작은 아름다움'을 적어보세요. (하늘, 사람, 사물 등)

내 곁 사람에게 "당신은 소중하다"라는 말을 전해보세요.

· ·

활동해보기

향기 찾기: 오늘 하루 당신의 마음에 남은 좋은 말 한마디를 기록하세요.

사진 한 장: 오늘 느낀 아름다움을 사진으로 남겨보세요.